40 fantásticos experimentos

Fuerza y movimiento

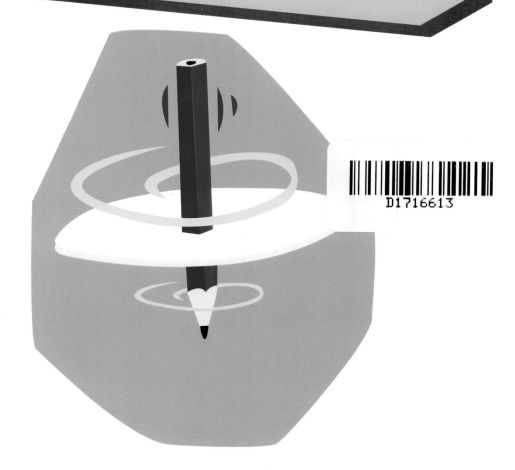

LAROUSSE

Aribau 197-199 3ª planta
08021 Barcelona

Dinamarca 81
México 06600, D.F.

Valentín Gómez 3530
1191 Buenos Aires

21 Rue du Montparnasse
75298 Paris Cedex 06

Para Kingfisher Publications Plc

Gerencia de edición Clive Wilson
Control de producción Jacquie Horner
Coordinación DTP Nicky Studdart

KINGFISHER
Kingfisher Publications Plc
New Penderel House,
283–288 High Holborn,
Londres WC1V 7HZ

Producido para Kingfisher por PAGE*One*
Cairn House, Elgiva Lane, Chesham,
Buckinghamshire HP5 2JD

EQUIPO EDITORIAL DE LAROUSSE

Director editorial de la versión en lengua española
para América Latina Aarón Alboukrek
Editor asociado Luis Ignacio de la Peña
Coordinación editorial Verónica Rico
Traducción-Adaptación de Larousse con
la colaboración de Leonardo Martínez
Revisión de pruebas Rossana Treviño
Formación y composición tipográfica
 Guillermo Martínez César

Primera edición de Kingfisher Publications Plc 2001

© MMI Kingfisher Publications Plc
"D.R." © MMIII, por Ediciones Larousse, S.A. de C.V.
 Dinamarca núm. 81, México 06600, D.F.

ISBN 0-7534-0272-6 (Kingfisher Publications Plc)
ISBN 970-22-0862-9 (Larousse México, colección completa)
ISBN 970-22-0863-7 (Larousse México, Fuerza y movimiento)

Larousse y el logotipo Larousse son
marcas registradas de Larousse, S.A.

Impreso en China

CONTENIDO

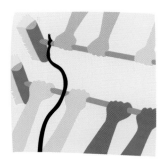

Antes de empezar

¿Alguna vez te has preguntado por qué los objetos se mueven de tal o cual manera? ¿Qué provoca que se muevan? ¿Por qué caen las cosas cuando las tiras? ¿Por qué es más difícil nadar que caminar? En este libro descubrirás las respuestas a éstas y otras preguntas. Encontrarás muchos experimentos que podrás hacer en tu casa o en la escuela y que te ayudarán a entender las fuerzas y el movimiento.

Siente la fuerza

Cada vez que andas en bicicleta, le das vuelta a la manija de una puerta o simplemente mueves tu brazo, estás usando una fuerza. Son empujones y tirones invisibles que hacen que las cosas sucedan.

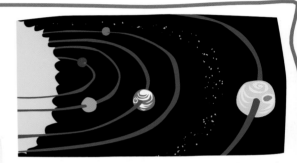

Los atletas, los bailarines, los corredores de automóviles y los constructores de edificios necesitan saber de fuerzas. Todo tipo de máquinas, desde el subibaja en el patio de recreo hasta una nave espacial, depende de una fuerza para funcionar. Hay fuerzas en todos lados, desde las pequeñas que mantienen a los átomos juntos hasta las grandes que hacen que los planetas giren alrededor del Sol.

Qué necesitarás

La mayor parte de las cosas que necesitas para estos experimentos se encuentran en tu casa o garaje. Si no tienes los mismos objetos de la ilustración, puedes sustituirlos por otros similares. Quizás descubras cómo mejorar algunas de las ideas del libro. ¡La improvisación es una de las partes más divertidas de hacer experimentos!

Para muchas actividades necesitas contenedores vacíos. Empieza a guardar botellas de plástico, cubos de madera y envases de cartón. ¡Nunca sabes lo que llegarás a necesitar!

Entre más cuidado y limpieza tengas al trabajar, es más probable que tus experimentos tengan éxito.

¡Cuidado!

Lee todos los pasos de cada actividad antes de empezarla. Trabaja sin prisas: por andar a las carreras o emocionarte podrías sufrir un accidente. Ten mucho cuidado al usar las tijeras o el martillo: podrías herirte. Pídele a un adulto que te ayude. ¡Diviértete, pero no corras riesgos!

Ten mucho cuidado al usar pegamento. Asegúrate de estar usando el tipo correcto. Sigue las instrucciones con cuidado y pon atención a las normas de seguridad. Si tienes alguna duda, pregúntale a un adulto.

Si vas a salir de casa, manténte alejado del tráfico, de grandes cuerpos de agua, de líneas de electricidad y otros peligros. Asegúrate de que un adulto sepa dónde estás y qué haces.

El reloj

El reloj que se encuentra al principio de cada experimento te indica aproximadamente cuántos minutos toma esa actividad. Todos los experimentos requieren entre 5 y 30 minutos. Si utilizas pegamento, necesitarás un poco más de tiempo para que seque.

¿Tienes dificultades?

Si algo no funciona bien a la primera, no te desanimes.

Revisa las instrucciones y las ilustraciones para ver si te faltó hacer algo.

Necesitas paciencia para algunas de las actividades. El pegamento tarda en secarse. A veces necesitarás hacer algunos ajustes para que las cosas funcionen bien.

No tienes que hacer los experimentos en el orden del libro, pero los entenderás mejor si los haces uno por uno. No tienes que hacerlos todos, pero entre más hagas, descubrirás más sobre las fuerzas y el movimiento. ¡Será más divertido!

¿Palabras desconocidas?

Si encuentras palabras que no entiendas o si quieres aprender un poco más, échale un vistazo al Glosario (páginas 38 y 39).

5

Medir fuerzas

Estamos rodeados de fuerzas. Son los empujones y tirones que afectan la forma y el movimiento de los cuerpos. Las fuerzas se miden en newtons (N), en honor del científico y matemático inglés sir Isaac Newton. En la Tierra, todo tiene peso, debido a la fuerza de gravedad que tira de todo hacia abajo. En la vida diaria, la gente mide el peso en 'kilogramos' o 'libras', pero, como el peso es una fuerza, debería medirse en newtons. En la Tierra, una masa de 100 gramos pesa 1 N y un kilogramo, 10 N.

Un medidor de fuerzas

Éste es un medidor de fuerzas fácil de construir, con el que podrás medir la fuerza de gravedad.

NECESITARÁS 20
- UN TARRO GRANDE DE YOGUR O UN RECIPIENTE DE MARGARINA
- HILO
- DOS CLIPS GRANDES
- UNA GOMA ELÁSTICA LARGA
- PAPEL, UN ROTULADOR Y UNA REGLA
- VARIOS PAQUETES DE COMIDA (LLENOS), CON SU MASA EN GRAMOS INDICADA EN LA ENVOLTURA
- UN PUNZÓN

1 Encuentra un gancho o una clavija. Coloca un pedazo de papel bajo éste en la pared. Inserta la goma elástica en el clip. Cuelga el clip del gancho.

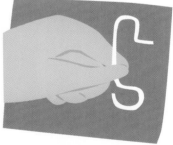

2 Desdobla el otro clip. Forma un gancho en un extremo y una aguja, en el otro. Quizás necesites ayuda y unas pinzas.

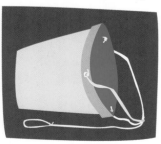

3 Haz unos hoyos en el borde del tarro. Haz una agarradera con la cuerda. Cuelga el tarro de la goma elástica usando el clip.

4 Uno por uno, coloca los paquetes en el tarro y haz una marca a la altura de la aguja del clip, para formar una escala. No sobrecargues el tarro o se romperá la goma. Para convertir la escala a newtons, recuerda que 100 gramos son 1 N, así que 250 g serán 2.5 N y 500 g, 5 N.

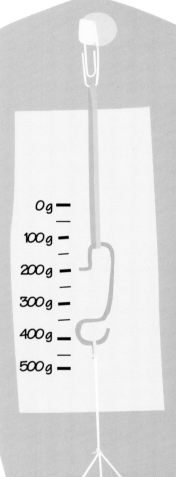

0g
100g
200g
300g
400g
500g

¿Qué sucede?

Las cosas pesan debido a la fuerza de gravedad. Cuanto mayor sea la gravedad que actúa sobre un objeto, mayor será su peso. Cuanto más pesado sea un objeto, más se estirará la goma elástica de tu medidor.

La manzana de Newton

A veces, los grandes descubrimientos suceden por casualidad. Sir Isaac Newton, un científico inglés que vivió hace 300 años, estaba sentado en su jardín cuando vio cómo caía una manzana de un árbol. Pensó que debía existir una fuerza invisible que tirara de la manzana hacia el suelo. Se preguntó si esta fuerza (la gravedad) también afectaba a la Luna, las estrellas y todos los planetas. Sus ideas sobre la gravedad cambiaron por completo nuestra visión del universo.

UNA ESCALA DIFERENTE

Es fácil calcular tu peso en newtons. Sólo tienes que multiplicar tu masa (en kilos) por 10. En la Luna, tu peso sería sólo un sexto de éste. La masa es la misma en todos lados, pero el peso depende de dónde estés.

Arma una báscula

Coloca el resorte o la esponja en el fondo del molde grande y el molde pequeño sobre el resorte. Coloca la bolsa de azúcar dentro del molde pequeño. Escribe '10 N' en el molde pequeño, a la altura del borde del otro molde. Usa otros objetos pesados para crear una báscula. Puedes usar básculas de cocina para ayudarte. Recuerda que 1 kg pesa 10 N.

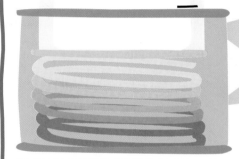

AZÚCAR 1 KG

NECESITARÁS

10

- DOS MOLDES HONDOS PARA PASTELERÍA, UNO GRANDE Y OTRO PEQUEÑO
- UN RESORTE GRANDE DE UN COLCHÓN O SILLA ANTIGUA, O UNA ESPONJA GRANDE
- UNA BOLSA DE AZÚCAR (1 KG)
- UN ROTULADOR LAVABLE

¿Qué le pasa al resorte al colocarle objetos encima?

¿Qué sucede?

En este caso, la fuerza de gravedad no está estirando una goma elástica, sino aplastando un resorte. Entre más masa tiene un objeto, mayor es la fuerza de gravedad que lo tira y más aplastado queda el resorte.

Apretar y torcer

Las fuerzas cambian la forma de los cuerpos. Una fuerza dobla, tuerce, aplasta o extiende un objeto. Los materiales elásticos tratarán de recuperar su forma original cuando la fuerza que los cambió desaparezca. Esto quiere decir que acumulan energía y luego la liberan para mover otros cuerpos. Los juguetes de cuerda y algunos relojes funcionan de esta manera.

Juguete de cuerda

Este misterioso juguete acumula energía en la goma elástica para causar movimiento. Pídele a un adulto que le quite las cabezas a un par de fósforos.

NECESITARÁS **20**
- UNA BOBINA DE HILO
- UNA GOMA ELÁSTICA PEQUEÑA
- FÓSFOROS (SIN CABEZA)
- CINTA ADHESIVA
- UNA VELA
- UN CUCHILLO
- UN PUNZÓN

1 Corta una rodaja de la vela del lado de la mecha. Agranda lo suficiente el hoyo de la mecha para que pase la goma elástica. Corta una ranura en una cara de la rodaja.

2 Pasa la goma a través del hoyo. Pídele a un adulto un fósforo (sin cabeza) y colócalo en la lazada. Tira del otro extremo de la goma hasta que el fósforo quede ajustado en la ranura. Ensarta la parte larga de la goma a través de la bobina.

4 Dale cuerda a tu juguete, sosteniendo la bobina mientras le das vuelta al fósforo más grande. ¡Colócalo en el suelo y mira cómo avanza!

3 Coloca medio fósforo a través de la lazada en el otro lado de la bobina. Evita que gire, ya sea usando cinta adhesiva o colocando la otra mitad del fósforo atravesada dentro de la bobina.

¿Qué sucede?
Al darle vueltas a la goma, acumula energía. Los científicos le llaman a esto 'energía potencial'. Al soltar la goma, se desenreda. Esto hace girar el fósforo y mueve el juguete. La energía potencial acumulada en la goma torcida se convierte en energía de movimiento.

Lanzamiento con resorte

Fija el palo al borde de una mesa con un bloque de plastilina. Desliza la espiral y la bobina alrededor del palo. Presiona la espiral con la bobina y, después, suéltalos. ¿Qué tanto alcanza a volar? ¿Qué pasa si aumentas la masa de la bobina con un poco de plastilina?

¿Qué sucede?
El resorte aplastado empuja la bobina, haciéndola saltar del palo. Entre más masa tenga la bobina, mayor será la fuerza necesaria para hacerla volar la misma distancia.

Una lata 'mágica'
Haz dos hoyos en la tapa y la base de una lata. Corta la goma elástica. Insértala por los hoyos. Amárrala como se ve en el dibujo. Amarra la pesa donde se cruza la goma y coloca la tapa de la lata con firmeza. Empuja con suavidad la lata hacia delante y suéltala.

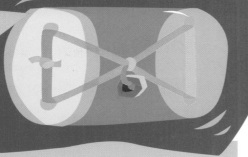

¿Qué sucede cuando sueltas la lata?

¿Qué sucede?
La lata regresa a ti porque la pesa queda colgando bajo la goma elástica y se tuerce cuando la empujas. La energía potencial acumulada en la goma torcida hace que se mueva la lata.

RADIOTRANSMISOR DE CUERDA
¡Esta radio portátil no necesita pilas! Funciona con un manubrio a la que se le da cuerda para acumular energía en un gran resorte. Al desenrollarse, el resorte le da vueltas a un pequeño dínamo, el cual hace funcionar la radio por unos veinte minutos. Es perfecta para llevarla a un lugar apartado.

Gravedad

Todas las cosas se atraen entre sí debido a la fuerza de gravedad. La gravedad entre objetos cotidianos es demasiado pequeña para notarla. Sentimos la gravedad de la Tierra porque tiene una gran masa. Cuanta mayor masa tenga un objeto, más grande será su fuerza gravitatoria. Nadie sabe muy bien qué causa la gravedad, pero sin ella, ¡saldríamos flotando hacia el espacio!

Conos antigravitatorios

Todos los objetos suelen rodar cuesta abajo. ¿O no?

NECESITARÁS **10**
- CARTÓN
- DOS SEMICÍRCULOS DE CARTULINA DELGADA
- UNA REGLA Y UN LÁPIZ
- CINTA ADHESIVA
- TIJERAS

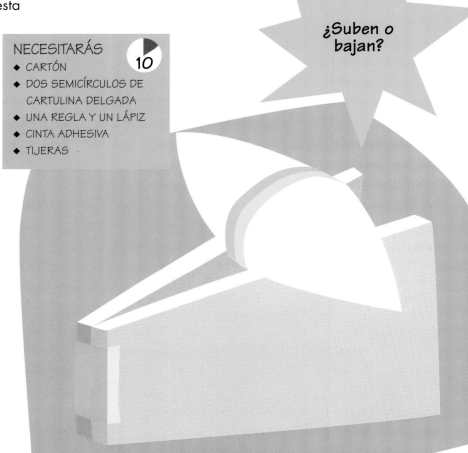

¿Suben o bajan?

1 Corta dos piezas de cartón como las del dibujo. Pégalas por la parte más corta. Colócalas como en la ilustración.

2 Dobla y pega los semicírculos para formar dos conos iguales. Pega sus bases con cinta adhesiva.

3 Pon los conos en la parte 'baja' de la rampa y ¡observa cómo parecen desafiar la gravedad!

¿Qué sucede?

En realidad, los conos no están desafiando la gravedad. Su movimiento es descendente. Observa con cuidado la parte de en medio. Mide la distancia entre la mitad de los conos y el piso en cada extremo de la rampa.

¿Qué cae más rápido: algo pesado o algo ligero?

NECESITARÁS

10

PARES DE OBJETOS DEL MISMO TAMAÑO Y FORMA, POR EJEMPLO:

- UNA CANICA O BOLITA Y UN BALÍN
- UN DADO Y UN CUBO DE AZÚCAR
- UNA PELOTA DE GOLF Y UNA PELOTA DE PING-PONG
- DOS TAPAS DE MOLDE PASTELERO O BANDEJAS PARA HORNEAR

Párate sobre una silla u otro mueble seguro desde el que puedas dejar caer los objetos. Coloca las tapas o bandejas en el suelo, una a cada lado de la silla. Suelta cada par de objetos desde la misma altura al mismo tiempo. ¿Cuál cae primero en la bandeja? Repite el experimento para ver si obtienes los mismos resultados cada vez.

¿Llegan ambos objetos al mismo tiempo al suelo?

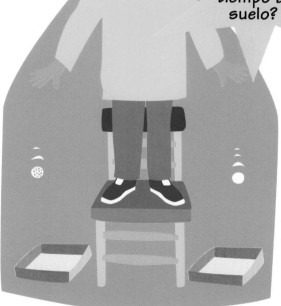

¿Qué sucede?

Cada pareja aterriza al mismo tiempo. La gravedad los jala hacia la Tierra a la misma velocidad, aunque no pesen lo mismo.

La historia de Galileo

A finales del siglo XVI, el científico italiano Galileo Galilei se preguntó si los objetos caían a la misma velocidad sin importar su peso. Puso a prueba su idea dejando caer balas de cañón desde diferentes alturas en la torre inclinada de Pisa. Siempre tardaban lo mismo en llegar al suelo. A la iglesia católica no le gustaban los experimentos de Galileo, porque era una manera científica de contestar preguntas.

LUZ DE LUNA

Esta fotografía, tomada de una transmisión televisiva de 1971, muestra al astronauta David Scott en la Luna. Scott repitió el experimento de Galileo con un martillo y una pluma. Sin aire que disminuyera la velocidad de la pluma, ambos objetos cayeron a la superficie al mismo tiempo.

Equilibrio

Un objeto no tiene que estar en movimiento para ser afectado por una fuerza. La gravedad tira de ti, incluso cuando estás sentado. Entonces, ¿por qué caen las cosas? Todos los cuerpos tienen un punto de equilibrio —su centro de gravedad—, en el que parece que se sostiene todo el peso del objeto. Esto determina su estabilidad. Si tienen un centro de gravedad bajo, serán muy estables. Si su centro de gravedad es elevado, tenderán a caerse.

Un loro en su percha

Este loro permanecerá en su percha, aunque intentes tirarlo.

NECESITARÁS 10
- CARTULINA GRUESA
- PAPEL PARA CALCAR
- UN LÁPIZ
- ROTULADORES
- TIJERAS
- UNA MESA O UN POCO DE CUERDA

1 Copia el loro con el papel para calcar.

2 Calca el contorno del loro sobre la cartulina y recorta la figura.

3 Colorea el loro. Colócalo en el borde de la mesa o sobre una cuerda tensada.

¿Qué sucede?

Gran parte del peso del loro se encuentra en su enorme cola. Su centro de gravedad se encuentra en sus patas, por lo tanto, es bajo, bastante estable y se endereza inclusive cuando lo empujas un poco. Si haces la cola más corta y le pegas una moneda a cada lado para darle mayor masa, obtendrás el mismo resultado.

Papa en equilibrio

Intenta balancear una papa sobre la punta de tu dedo. ¡No es fácil! Ahora, inserta dos tenedores en la papa, uno a cada lado, de modo que formen un ángulo. Inténtalo de nuevo. ¡Pan comido!

NECESITARÁS
• UNA PAPA
◆ CUATRO TENEDORES (DOS DE METAL Y DOS DE PLÁSTICO)

5

¿Qué pasa cuando usas tenedores de plástico?

¿Qué sucede?

La masa de los tenedores baja el centro de gravedad de la papa y, por lo tanto, ésta alcanza un equilibrio. Esto no sucede con los tenedores de plástico, porque no tienen la masa necesaria.

Caja mágica

Sujeta la pesa con cinta adhesiva en una esquina de la caja. Tapa la caja. Desliza la caja hasta el borde de la mesa, hasta que sólo la esquina donde está la pesa quede sobre la mesa. ¡Parecerá que el resto de la caja flota en el aire! Si le haces un fondo falso a la caja, podrás destaparla para demostrar que está 'vacía'.

NECESITARÁS
◆ UNA CAJA PEQUEÑA
◆ UNA PESA PESADA O VARIAS MONEDAS PEGADAS
◆ CINTA ADHESIVA

5

¿Qué sucede?

Las cajas, como todos los objetos de forma regular, tienen el centro de gravedad en medio. Sin embargo, al añadir una pesa a una esquina, el centro de gravedad cambia. Mientras el centro de gravedad se mantenga sobre la mesa, la caja no caerá al suelo. Por cierto, ésta también es la razón por la que no se derrumba la torre inclinada de Pisa (página 11).

EQUILIBRISMO

Este equilibrista reduce su centro de gravedad usando esta barra larga y flexible para caminar sobre una cuerda angosta. De todos modos, para este acto se necesita mucha práctica y no tenerle miedo a las alturas.

Presión

No puedes meter el dedo en un corcho, pero puedes insertarle con facilidad un alfiler usando la misma fuerza. Esto se debe a que la punta del alfiler concentra la fuerza en un área pequeña, lo cual produce mayor presión. La presión que ejerce tu dedo es mucho menor, ya que la misma fuerza se esparce sobre la cabeza del alfiler, mucho más amplia y plana. Una fuerza que abarca un área mayor, ejerce menor presión.

Presión atmosférica

La fuerza con que el aire presiona las cosas se llama presión atmosférica. Aunque no puedes verla, puedes observar sus efectos con el siguiente experimento.

NECESITARÁS
- UN VASO DE VIDRIO
- UNA PILETA
- UN PEDAZO DE PLÁSTICO RÍGIDO Y DELGADO O UNA TARJETA POSTAL QUE NADIE QUIERA

5

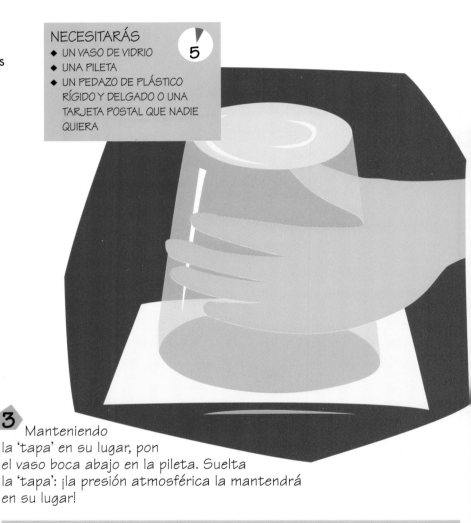

1 Llena el vaso con agua hasta el borde. Coloca el plástico o la postal encima.

2 Sostén la 'tapa' con una mano. Agarra el vaso con la otra.

3 Manteniendo la 'tapa' en su lugar, pon el vaso boca abajo en la pileta. Suelta la 'tapa': ¡la presión atmosférica la mantendrá en su lugar!

¿Qué sucede?

La presión atmosférica empuja en todas direcciones: también hacia arriba. No tiene dificultades para soportar el peso del agua en un vaso. La tarjeta o el plástico funcionan como un 'sello' que mantiene el aire fuera del vaso mientras lo volteas. De hecho, el aire ejerce una presión de 10 N (el peso de 1 kg de azúcar) sobre cada centímetro de tu cuerpo. Si tu cuerpo no estuviera empujando con la misma fuerza en la dirección contraria, la presión atmosférica te aplastaría.

Cama de clavos

En 1969, el faquir hindú Silki permaneció en una cama de clavos durante 111 días. El secreto de su hazaña fue la presión. Aunque cada clavo tiene una punta afilada, cientos de ellos repartidos en un área lo suficientemente grande reducen la presión causada por el peso de una persona. Así, los clavos juntos no hacen ningún daño. ¡La parte difícil es acostarse y levantarse!

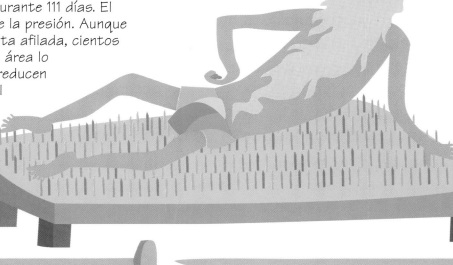

Expande la fuerza

Recuesta una moneda sobre un poco de plastilina y trata de enterrarla. Ahora, hazlo con la moneda de canto. ¿Cómo es más fácil?

NECESITARÁS
5
◆ UNA MONEDA
◆ PLASTILINA

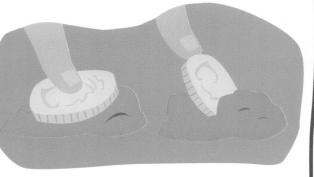

¿Qué sucede?

Es más fácil empujar la moneda de canto. Entre más pequeña sea el área, tu mano ejercerá mayor fuerza sobre ella. Al poner la moneda plana, la fuerza se dispersa en su superficie y la presión es menor.

NEUMÁTICOS DE TRACTOR
Los enormes neumáticos de un tractor no sólo le sirven para atravesar todo tipo de terrenos. Al esparcir la presión de su peso en un área amplia, también evitan que se hunda en un suelo suave.

Flotación y hundimiento

La densidad de un cuerpo determina si flota o se hunde. Es una manera de medir cuán pesado es algo para su tamaño. Un cubo de acero, por ejemplo, es mucho más pesado que un cubo de hielo del mismo tamaño. El de acero se hundirá en el agua, mientras que el de hielo flotará. El hielo es menos denso que el acero: un cubo de hielo pesa menos que un cubo de acero del mismo tamaño. Hasta aquí, todo bien, pero, ¿por qué flotan los barcos de acero?

Un buzo a escala

Con este buzo a escala podrás observar cómo el cambio de densidad de un objeto hace que flote o se hunda.

NECESITARÁS
 20
- UNA BOTELLA DE PLÁSTICO DE 2 LITROS (CON TAPA)
- UN POPOTE O PAJITA FLEXIBLE
- UN CLIP
- UN MOLDE PASTELERO DE PAPEL ALUMINIO
- CINTA ADHESIVA REUSABLE
- TIJERAS
- UN TAZÓN CON AGUA

1 Recorta una figura humana del molde de papel aluminio. Hazla de unos 7 cm de alto y 2 cm de ancho. Debe caber por el cuello de la botella.

2 Dobla el popote o pajita por la mitad para obtener una pieza en forma de 'U' de 2.5 cm de largo. Mete las puntas del clip en los extremos del popote o la pajita.

3 Con cuidado, desliza el clip y el popote por una de las piernas de la figura. El popote debe quedar en su espalda y sobresalir un poco sobre su cabeza, como tanques de aire verdaderos.

4 Con la cinta adhesiva, haz unas botas para el buzo.

5 Pon el buzo a flotar en el tazón de agua. Con cuidado, ajusta la cantidad de cinta adhesiva, hasta que sólo la cabeza sobresalga del agua.

6 Llena la botella con agua y mete al buzo. Asegúrate de que la botella esté llena hasta el borde antes de colocar con firmeza la tapa. El buzo debe flotar hasta arriba.

¡Haz que el buzo flote a cualquier altura!

¿Por qué flota un barco?

Prueba con estos objetos para ver cuáles flotan y cuáles se hunden. Deja caer una bola de plastilina en el agua. Aplana y dale forma de tazón. ¿Flotará así? Intenta lo mismo con papel aluminio.

10

NECESITARÁS

- OBJETOS SÓLIDOS HECHOS DE DIVERSOS MATERIALES (VIDRIO, METAL, MADERA, PLÁSTICO, ETC.)
- PLASTILINA
- PAPEL ALUMINIO
- UN RECIPIENTE GRANDE CON AGUA

¿Por qué flotan los 'barcos'?

¿Qué sucede?

Los objetos pequeños y pesados (monedas, piedras) se hunden. Los objetos grandes y ligeros (corcho) flotan. Sin embargo, cuando haces un 'barco' de un material pesado como la plastilina, la mayor parte del objeto está lleno de aire. Juntos, el 'barco' y el aire que tiene dentro son menos densos que el agua, así que el 'barco' flota. Por esto es posible construir barcos de metal.

7 Aprieta la botella. El buzo se hundirá hasta el fondo. Deja de apretar y volverá a flotar. Con un poco de práctica, podrás hacer que flote a la altura que quieras.

¿Qué sucede?

Cuando aprietas la botella, entra agua en el popote o pajita. El aire en su interior se comprime, lo que hace más pesado al buzo. Al aumentar su densidad, se hunde. Cuando dejas de apretar, el aire acumulado dentro del popote o pajita hace que el buzo sea menos denso y flote de nuevo.

TIBURÓN NADADOR

La mayoría de los tiburones nunca deja de nadar. Se hundirían si dejaran de moverse, ya que son más densos que el agua.

Aceleración

La fuerza hace que las cosas aumenten de velocidad o se aceleren. Si las fuerzas que actúan sobre un objeto están equilibradas, no se moverá. Sin embargo, si la fuerza que empuja a un objeto es mayor que la que lo detiene, aumentará de velocidad constantemente, hasta que las fuerzas se equilibren de nuevo. Las fuerzas en desequilibrio producen cambios de dirección o de velocidad.

Bote de paletas

Con este bote de paletas, descubrirás cómo un desequilibrio de fuerzas puede mover un objeto hacia adelante.

NECESITARÁS
- UNA BOTELLA DE 2 LTS
- DOS VARAS DE 23 CM DE LARGO
- UN CONTENEDOR DE PLÁSTICO CON LADOS PLANOS
- TIJERAS
- CINTA IMPERMEABLE
- GOMA ELÁSTICA DE UNOS 9 CM DE LARGO

20

1 Recorta cuatro rectángulos de 5 cm por 8 cm del contenedor de plástico.

Haz que el bote se mueva al revés.

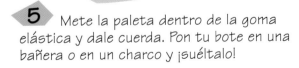

2 Dobla en dos los rectángulos y páralos por su lado más largo. Para formar una paleta, junta los extremos por el doblez y fíjalos con cinta adhesiva.

5 Mete la paleta dentro de la goma elástica y dale cuerda. Pon tu bote en una bañera o en un charco y ¡suéltalo!

3 Sujeta las dos varas a la botella con cinta cerca del tercio inferior de ésta. Deben sobresalir unos 7 cm.

4 Extiende la goma elástica sobre las varas. No debe quedar ni demasiado extendida ni floja.

¿Qué sucede?

El bote se mueve con la energía acumulada en la goma elástica al darle cuerda. Cuando la paleta gira contra el agua, desequilibra las fuerzas de la botella. Acelera hasta que la resistencia del agua es igual que el empuje de la paleta y se restablece el balance. Continúa con una velocidad constante, hasta que la goma se queda sin energía.

Bote de globo

Ablanda el globo, inflándolo un par de veces antes del experimento. Únelo con el popote o pajita (usa la cinta). Verifica que la unión esté bien sellada. Haz un hoyo en un costado del molde, suficientemente grande para que pase el popote o pajita. Coloca el popote o pajita, infla el globo y séllalo con cinta reusable. Coloca el bote en una superficie de agua y corta el sello con tijeras.

NECESITARÁS

10

- UN MOLDE DE PLÁSTICO (COMO DE HORNO DE MICROONDAS)
- UN POPOTE O PAJITA FLEXIBLE
- CINTA ADHESIVA REUSABLE
- UN GLOBO
- CINTA ADHESIVA Y TIJERAS

¿Qué sucede?

El globo saca el aire por el popote o pajita, lo cual impulsa al bote. Los motores de los aviones y los cohetes funcionan de esta manera. Son propulsados por los gases que expulsan por la parte de atrás.

INTERESANTE

Marca de velocidad terrestre

La primera marca de velocidad terrestre fue establecida en 1898 por el conde Gaston de Chasseloup-Laubat de París, Francia. Su vehículo recorrió un kilómetro en 57 segundos, a una velocidad promedio de 63 km/h. Casi 100 años después, en 1997, el automóvil supersónico Thrust SSC impuso una nueva marca: con sus turborreactores gemelos alcanzó una velocidad promedio de 1228 km/h (más rápido que el sonido). Su forma aerodinámica le ayudó a cortar el aire con muy poca resistencia al avance. Necesitó dos juegos de paracaídas y frenos especiales para detenerse.

GUEPARDO VELOCISTA

El guepardo es el animal terrestre más veloz. Sus poderosas extremidades y la flexibilidad de su columna vertebral le permiten alcanzar los 100 km/h.

Midiendo la velocidad

Resulta muy útil medir la velocidad. Por ejemplo, la persona que conduce un auto necesita saber si se mantiene dentro del límite de velocidad. Los maquinistas necesitan saber si van a la velocidad adecuada para llegar a la siguiente estación a la hora precisa. Para saber a qué velocidad se desplaza un objeto, necesitas saber la distancia que recorrió y el tiempo que le tomó hacerlo.

Prueba de velocidad

Ésta es una manera sencilla de medir cuán rápido se mueve un ciclista. Pídele a un adulto que te muestre una pista para bicicletas alejada del tráfico.

¿Puedes calcular tu velocidad?

1 Con la cinta métrica, mide la distancia entre dos objetos al lado de la pista (de preferencia, separados más de 50 m).

2 Toma impulso para que pases el primer objeto a una velocidad constante. Pídele a tu amigo que cuente cuánto tiempo te toma ir del primer objeto al segundo.

$$velocidad\ promedio = \frac{distancia\ recorrida}{tiempo\ transcurrido}$$

¿Qué sucede?

La velocidad promedio te indica la distancia recorrida cada segundo por un ciclista. Por ejemplo, si se desplaza 50 metros en 5 segundos, su velocidad promedio es 50/5, esto es 10 metros por segundo o 10 m/s. Es usual medir la velocidad en kilómetros por hora (kph) o millas por hora (mph), pero el principio es el mismo.

3 Usa esta ecuación para calcular la velocidad que alcanzaste. Si mides la distancia en metros y el tiempo en segundos, obtendrás una respuesta en metros por segundos o m/s, para abreviar.

Carrera de globos cohete

Recorta 10 cm de los popotes o pajitas. Inserta el hilo a través de ellos. Ata el hilo a dos sillas, separadas unos 10 cm. Aprieta el nudo. Infla un globo. Aprieta el cuello del globo con fuerza. Pídele a un amigo que lo pegue al popote o pajita. Prepara el cronómetro y suelta el globo. Cuenta cuánto tarda en llegar al otro extremo del hilo. Usa diferentes tipos de globo para ver cuál es más rápido.

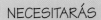

NECESITARÁS

20

- UN PAQUETE DE GLOBOS PARA FIESTA
- POPOTES O PAJITAS
- CINTA ADHESIVA
- UNA BOLA DE HILO
- UNA CINTA MÉTRICA Y UN CRONÓMETRO
- UN AMIGO

¿Cuál es la velocidad promedio de los globos cohete?

¿Qué sucede?

El aire está comprimido dentro del globo, por lo que sale con fuerza, lo cual propulsa al globo. Los globos largos y delgados se mueven con mayor rapidez que los redondos. Esto se debe a su forma aerodinámica: necesitan quitar menos aire de su camino para desplazarse.

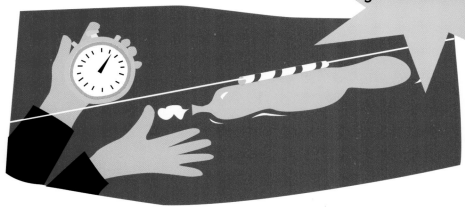

INTERESANTE

La liebre y la tortuga

En una famosa fábula la liebre reta a la tortuga a una carrera. La tortuga acepta. La liebre deja atrás a la tortuga y se detiene a tomar una siesta. Mientras, la tortuga sigue a un ritmo lento, pero constante. Cuando la liebre despierta, descubre que la tortuga está a punto de cruzar la meta. La liebre pierde la carrera. Aunque la liebre alcanzó una velocidad máxima mayor, su velocidad promedio fue menor que la de la tortuga.

FINAL DE FOTOGRAFÍA

Cuando una centésima (1/100) de segundo hace la diferencia entre el oro y la plata, una luz invisible conectada a cámaras especiales registra la velocidad de cada corredor con mayor precisión que la que podría una persona con un cronómetro.

Fricción

Cuando dos cosas se rozan, producen fricción, una fuerza invisible que intenta detener el movimiento. También se produce fricción cuando un cuerpo se mueve a través del aire, el agua u otro fluido. A esto se le llama 'resistencia'. A veces, la fricción es útil para dar agarre o para alentar un cuerpo. Sin embargo, también puede ser un problema. Piensa en una bicicleta: le pones lubricante a la cadena para reducir la fricción, pero es mejor que no aceites el borde de la llanta, donde van los frenos.

¿Se desliza o se agarra?

Con este pequeño experimento, podrás ver cómo varía la fricción según lo liso o rugoso que sean los objetos.

NECESITARÁS
- UNA TABLA DE MADERA LARGA **10**
- UNA BANDEJA DE PLÁSTICO LISO
- DIVERSOS OBJETOS CON BASE PLANA Y QUE NO SE ROMPAN CON FACILIDAD (UNA TAZA DE PLÁSTICO, UNA MONEDA, UNA GOMA, UNA CAJA DE FÓSFOROS)

¿Por qué algunas cosas se deslizan mejor que otras?

1 Coloca tus objetos en línea en un extremo de la tabla. ¿Cuál crees que se deslizará con mayor facilidad?

3 Ahora, inténtalo con la bandeja de plástico. ¿Qué cambia?

¿Qué sucede?

Algunos objetos se deslizan con mayor facilidad por la tabla de madera porque hay menos fricción entre sus bases y la superficie de la tabla. Probablemente, son los objetos más lisos al tacto. Por la misma razón, las cosas se deslizan con mayor facilidad por la bandeja de plástico.

2 Lentamente, inclina la tabla. Observa cuál de los objetos se desliza más fácil y cuáles se tardan más en bajar.

Hielo escurridizo

Uno a uno, desliza los objetos por la mesa. Ahora, inténtalo con un cubo de hielo. ¿Qué pasa?

¿Es el agua un buen lubricante?

NECESITARÁS
- LOS OBJETOS DE BASE PLANA DE '¿SE DESLIZA O SE AGARRA?'
- UNA MESA PLANA (EN LA COCINA)
- UN CUBO DE HIELO

10

¿Qué sucede?

La fricción entre el hielo y la mesa se reduce por la delgada capa de agua derretida entre ambos, así que el cubo se desliza con facilidad. El agua funciona como lubricante, igual que el aceite en una máquina. Sin embargo, el agua no sería un buen lubricante para una máquina, ya que se evaporaría demasiado aprisa y oxidaría las partes metálicas.

Frotándose las manos

Frota las palmas de tus manos, primero con mucha suavidad. Poco a poco, aumenta la intensidad. ¿Qué pasa? Enjabona tus manos y frótalas de nuevo.

NECESITARÁS
- ¡TUS MANOS!
- AGUA Y JABÓN

5

¿Qué sucede?

Entre más rápido y más fuerte frotes tus manos, se sentirán más calientes. Esto se debe a que frotar tus manos produce fricción, lo que produce calor. Al hacer lo mismo con las manos enjabonadas, el agua reduce la fricción y sientes menos calor.

PATINAJE SOBRE HIELO

La angosta cuchilla de los patines ejerce gran presión en el hielo. Esto provoca que el hielo se derrita formando una capa de agua que lubrica la cuchilla como si fuera aceite. La fricción se reduce y casi no afecta la velocidad de patinaje.

Resistencia en agua y aire

Nadar requiere mucho esfuerzo. Esto se debe a que debes 'quitar' el agua de tu camino para avanzar. También influyen la fricción del agua contra tu piel y el alentamiento por el agua que queda atrás de ti. El aire produce el mismo efecto de 'resistencia', pero sólo lo notas a grandes velocidades. Sin embargo, la resistencia no es mala. Si tus manos pudieran moverse sin fricción en el agua, ¡ni siquiera podrías impulsarte hacia delante!

Arma un paracaídas

Un simple paracaídas hace más lenta la caída de un cuerpo. Pídele a un adulto que corte los hilos del mismo largo.

NECESITARÁS

- UNA BOLSA DE PLÁSTICO
- HILO DE ALGODÓN
- TIJERAS
- UN CLIP
- UNA PERFORADORA
- PLASTILINA (COMO PESA) O UN MUÑECO PEQUEÑO QUE HAGA DE PARACAIDISTA

¿Por qué se reduce la velocidad de caída?

2 Ata un hilo de 40 cm en cada esquina.

4 Deja caer al paracaidista desde una altura segura y cuenta cuánto tarda en caer.

¿Qué sucede?

Los paracaídas crean una gran resistencia al aire. Su gran toldo curvado, atrapa el aire para que 'empuje' hacia arriba. Cuanto más rápido descienda un paracaídas, mayor será la resistencia a su caída.

1 Recorta un cuadrado de 30 cm por lado de la bolsa de plástico. Haz una perforación en cada esquina.

3 Ata los extremos libres de los hilos al clip y agrégale una bola de plastilina. O puedes hacer un arnés con el clip para el muñeco.

Resistencia del aire

Deja caer tus objetos ligeros uno por uno. Observa cómo caen. Ahora, haz una bola con una hoja de papel de seda. Deja caer una hoja y la bola al mismo tiempo. ¿Qué pasa?

¿Por qué algunas cosas caen más rápido?

NECESITARÁS

5

◆ VARIOS OBJETOS LIGEROS CUYA SUPERFICIE SEA GRANDE PARA SU PESO (UNA PLUMA, UNA HOJA, UN HILO, ETC.)
◆ DOS HOJAS DE PAPEL DE SEDA

¿Qué sucede?

La velocidad de los cuerpos aumenta cuando empiezan a caer y luego es constante hasta que llegan al piso. La superficie de la hoja arrugada es menor que la de la extendida. Por eso se mueve mejor en el aire y cae más rápido. La extendida tiene que desplazar más aire al caer. Esa resistencia adicional del aire hace que flote.

Resistencia del agua

Coloca ambas pelotas en el recipiente con agua. Dale vueltas a una y después a la otra. ¿Cuál gira con mayor facilidad?

NECESITARÁS

5

◆ UNA PELOTA DE TENIS
◆ UN RECIPIENTE CON AGUA
◆ UNA PELOTA DE PLÁSTICO

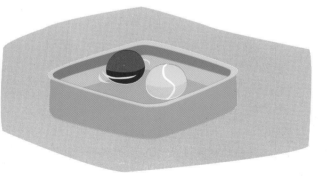

¿Qué sucede?

El agua opone mayor resistencia al movimiento que el aire. La pelota de plástico gira más porque su superficie lisa no produce tanta resistencia como la superficie áspera de la de tenis.

PARACAIDISTA

La velocidad de un paracaidista aumenta hasta que la fuerza ascendente de la resistencia del aire se equilibra con la fuerza de gravedad. Después, sigue a una velocidad constante ('velocidad terminal').

Flotando en el aire

Es fácil olvidar que el aire tiene peso, porque no lo podemos ver. De hecho, la atmósfera es muy pesada (página 14). Como el agua, también el aire ejerce fuerza hacia arriba: el 'empuje'. Por ejemplo, si colocas una pesa en una báscula y luego quitas el aire, pesará más. Del mismo modo, pesas más cuando estás en una bañera sin agua, que en una llena. Un cuerpo flota si el empuje es igual o mayor que su peso.

Un globo de aire caliente

Este globo, aunque difícil de armar, es muy divertido. Pídele ayuda a un adulto. Una vez que has construido un modelo a escala, estarás listo para construir uno mucho más grande.

NECESITARÁS
- HOJAS DE PAPEL DE SEDA **20**
- TIJERAS
- PEGAMENTO
- UNA SECADORA DE PELO
- POPOTES O PAJITAS FLEXIBLES

1 Dibuja un patrón como el del dibujo. Después, recorta ocho formas así del papel de seda.

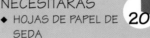

2 Usando poco pegamento, pégalos por los bordes hasta formar un globo. No hay problema si aplastas un poco el papel para darle la forma necesaria. Lo importante es que tenga la forma correcta y que no haya huecos entre las uniones. Un parche de papel servirá para cubrir huecos en la parte superior.

3 Pide a un adulto que llene el globo con aire caliente de una secadora de pelo. Si se dobla, coloca unos popotes o pajitas en el interior del cuello para darle más firmeza.

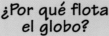
¿Por qué flota el globo?

¿Qué sucede?
Al calentar el aire dentro del globo, el aire se expande, empujando el aire frío hacia abajo. Hay menos aire en el mismo espacio y la densidad es menor. El empuje ascendente del aire afuera del globo (más frío y más pesado) hace que el globo se eleve. Al enfriarse, el aire dentro del globo vuelve a ser más denso y más pesado y el globo empieza a descender.

Helio suspendido

Recorta muchas pesas idénticas de 2 cm por 2 cm de la bandeja de aluminio. Con la punta de un clip desdoblado, haz un hoyo en cada una de las pesas. Ata un clip a la cuerda de un globo con helio y desdóblalo para formar un gancho para las pesas de aluminio. Añade las pesas una por una hasta que el globo casi no pueda levantarlas. Cada hora tendrás que retirar algunas pesas, si quieres que el globo siga flotando.

NECESITARÁS

10

- UN GLOBO RECIÉN LLENADO CON HELIO (DE LOS QUE FLOTAN HASTA EL TECHO)
- CLIPS
- UN HILO
- VARIAS BANDEJAS DE ALUMINIO

¿Qué sucede?

El aire está formado por varios gases (nitrógeno y oxígeno, en su mayoría) más pesados que el helio (un gas muy ligero). Un globo lleno de helio es más ligero que el aire y, por tanto, flota. Sin embargo, las moléculas del helio son muy pequeñas y poco a poco se escapan del globo. Conforme el globo empieza a encogerse, se vuelve más pesado y la gravedad lo hace descender.

INTERESANTE

Piloto de silla plegable

En 1982, el ex piloto Larry Walters decidió volver a volar. Ató 45 globos meteorológicos llenos de helio a una silla de jardín, creyendo que no se separaría mucho del suelo. Sin embargo, salió disparado hasta una altura de 3 200 metros. Después de 14 horas de frío y terror, pasó cerca de un avión de pasajeros. ¡El piloto reportó haber visto a un hombre en su silla a 3 000 metros de altura! Walters llegó hasta el mar, donde fue rescatado por un helicóptero.

BALÓN DE AIRE CALIENTE
Un potente quemador calienta el aire dentro de este globo. El aire afuera (más frío y denso) provoca el empuje. Se necesita una ráfaga de calor de manera regular para mantener el globo en el aire.

Vuelo

Además del aire caliente o el helio, hay otras formas para hacer que un objeto vuele. Las aves y los insectos voladores baten sus alas para alzar el vuelo: empujan el aire hacia abajo y hacia atrás para avanzar en el aire. Los aviones funcionan con el mismo principio, pero usan alas fijas y hélices o motores a reacción. Se elevan por la forma de las alas. Los cohetes expulsan gases calientes por su parte trasera: se impulsan incluso a través del vacío espacial.

Construye un cohete

Este cohete de agua es muy divertido, pero necesitarás que un adulto te ayude a armarlo y supervise el lanzamiento.

NECESITARÁS
- UNA BOTELLA DE REFRESCO
- UN CORCHO O TAPÓN
- MADERA DE BALSA Y UN PEGAMENTO FUERTE
- UN TALADRO CON UNA BROCA PEQUEÑA (PÍDESELO A UN ADULTO)
- UNA BOMBA DE BICICLETA CON CONECTOR
- ADAPTADOR DE AGUJA (EL TIPO QUE SE USA PARA INFLAR BALONES)
- PEGAMENTO

25

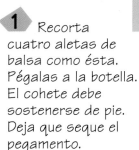

1 Recorta cuatro aletas de balsa como ésta. Pégalas a la botella. El cohete debe sostenerse de pie. Deja que seque el pegamento.

2 Pídele a un adulto que haga un hoyo en el corcho con el taladro. Inserta el adaptador en el hoyo (debe quedar apretado).

3 Llena un cuarto de la botella. Mete el corcho en la tapa con fuerza.

4 Lleva tu cohete a un espacio abierto. Coloca el conector y la bomba de bicicleta. Mantente a una distancia prudente mientras bombeas aire a la botella. Se acumulará presión hasta que el corcho se bote y el cohete salga disparado.

Haz un planeador

Dobla el papel según el diagrama. Coloca el clip en la punta del planeador y, después, lánzalo con suavidad. Coloca el clip en varias posiciones, hasta que veas con cuál vuela más lejos el avión.

NECESITARÁS
◆ UNA HOJA DE PAPEL
◆ UN CLIP

10

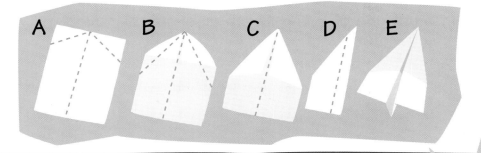

A B C D E

¿Qué sucede?

El planeador cubre grandes distancias debido a que la resistencia del aire contra las alas planas se opone a la fuerza de gravedad.

Haz un girocóptero

Traza la forma del dibujo. Corta por los trazos laterales. Dóblalos para crear las alas. Pon el clip en la base del girocóptero. Ahora, lánzalo al aire.

NECESITARÁS
◆ PAPEL O CARTULINA
◆ LÁPIZ Y REGLA
◆ TIJERAS
◆ UN CLIP

10

¿Qué sucede con un girocóptero más grande?

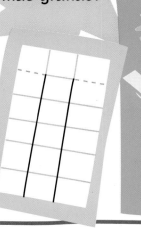

¿Qué sucede?

Los helicópteros sin motor se llaman girocópteros. Sus alas giran al caer debido a la resistencia del aire. El giro de las alas contrarresta la fuerza de gravedad, por lo que caen lentamente. Ciertos árboles usan el mismo truco para esparcir sus semillas. Cuanto más grande es un girocóptero, más tarda en caer.

¿Qué sucede?

La presión dentro de la botella aumenta mientras bombeas aire. Al final, la fricción que mantenía el corcho en el cuello de la botella desaparece. El agua y el aire expulsados por la base causan una fuerza de reacción que empuja el cohete hacia el cielo.

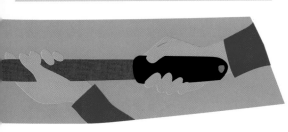

EL CÓNDOR PASA

Las aves son amas del vuelo. Los cóndores baten sus alas para alzar el vuelo y elevarse. Planean grandes distancias. La forma de sus alas los impulsa. Pueden aprovechar las columnas de aire cálido ascendente (corrientes térmicas) durante horas.

Aumento de fuerza

Las palancas y las poleas son 'amplificadores de fuerza'. ¿Cómo quitas la tapa de una lata de pintura? Puedes usar un destornillador como palanca. Cuando abres una puerta, mueves mucho la manija para correr un poco el pestillo y abrir la puerta. Ambos son 'amplificadores de fuerza'. Para que una gran fuerza se desplace una distancia pequeña en un punto, se usa una pequeña fuerza en el otro extremo.

El poder de las poleas

¡Ayuda a tus amigos y asombra a tus enemigos con tu fuerza sobrehumana!

NECESITARÁS
- DOS ESCOBAS
- VARIOS METROS DE CUERDA
- TALCO
- VARIOS AMIGOS

10

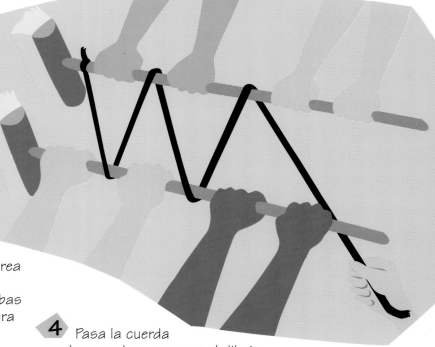

1 Amarra la cuerda a la base de una de las escobas.

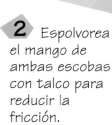

2 Espolvorea el mango de ambas escobas con talco para reducir la fricción.

4 Pasa la cuerda por las escobas como en el dibujo. Sostén el extremo libre de la cuerda. Diles a tus amigos que jalen con fuerza para separar las escobas, mientras tú las acercas sin el menor esfuerzo.

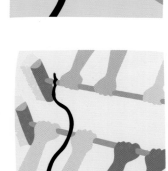

3 Consigue amigos para tirar de las escobas.

¿Qué sucede?

Por la manera en que las escobas están enlazadas por la cuerda, al tirar del extremo suelto (con poca fuerza) las escobas se aproximan con gran fuerza. Los mangos de las escobas funcionan como poleas. Entre más veces hayas enredado la cuerda, mayor será la fuerza.

Una polea doble

Pídele a un adulto que parta en dos la percha. Dobla ambas partes, de forma que sostengan las bobinas y la cubeta como se ven en el dibujo. Cuélgalas de un gancho, sin la cubeta. Inserta la cuerda como se muestra y pásala por las bobinas. Intenta levantar varios pesos con la polea doble.

NECESITARÁS
- CUATRO BOBINAS DE HILO
- UNA PERCHA PARA ABRIGOS GRUESA
- UN CUBO DE JUGUETE Y ALGUNAS COSAS QUE QUEPAN EN ÉL
- CORTAALAMBRES

20

¿Cómo levantas la cubeta con la polea doble?

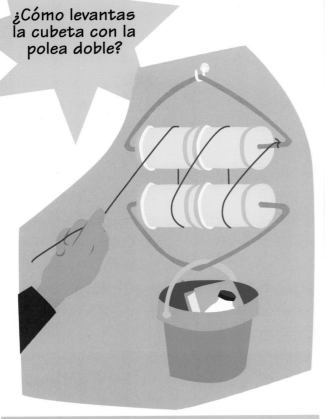

¿Qué sucede?

La polea doble funciona igual que el truco de la escoba. Al jalar la cuerda una gran distancia con una fuerza mínima, es posible levantar un objeto un poco con gran fuerza. Así es fácil levantar el cubo.

Palancas

Pídele a un adulto que apriete muy fuerte la tapa de la lata. Trata de levantarla, primero con el mango de una cuchara pequeña y después con el de una grande. ¡No dobles las cucharas!

NECESITARÁS
- UNA LATA CON UNA TAPA JUSTA (COMO UNA DE CHOCOLATE EN POLVO)
- UNA CUCHARA PEQUEÑA
- UNA CUCHARA GRANDE

5

¿Qué sucede?

Entre más larga sea una palanca, mayor será su fuerza. El mango de la cuchara funciona como palanca y el borde de la lata como pivote. Al hacer presión sobre la cuchara, tu mano usa una fuerza pequeña para moverse mucho. La punta del mango levanta un poco la tapa con una gran fuerza.

LEVANTADOR DE PESOS

Una carretilla es un amplificador de fuerzas. La rueda es el pivote y los brazos, las palancas. Al levantar bastante los brazos con poca fuerza, puedes mover una pesada carga con una gran fuerza.

Engranes

Los engranes son ruedas con dientes en la parte exterior. Pueden estar unidos uno con otro o con una cadena. Dependiendo de su tamaño, los engranes son utilizados como amplificadores de fuerza o de movimiento. Se usan en todo tipo de máquinas para cambios de velocidad o de movimiento. Las bicicletas y los automóviles usan engranes para enfrentar las subidas y bajadas del camino y para cambiar de velocidad.

Engranes de bicicleta

Ahora aprenderás cuál es el papel de los engranes en el movimiento de las bicicletas.

NECESITARÁS
◆ UNA BICICLETA CON ENGRANES (DE VELOCIDADES)
◆ UNA CINTA MÉTRICA
◆ TIZA
◆ UN CAMINO TRANQUILO Y PAREJO, LEJOS DEL TRÁFICO
10

1 Pon la bicicleta en la primera velocidad.

2 Traza una raya con la tiza detrás de la rueda trasera, en el lugar donde toca el piso.

3 Con suavidad, dale un giro al pedal, moviendo la bicicleta en línea recta. Traza una segunda marca donde quedó la rueda trasera. Mide la distancia entre las marcas.

¿Cómo funcionan las velocidades de la bicicleta?

4 Pon la bicicleta en la quinta velocidad. Repite el experimento. ¿Qué tan lejos llegaste ahora?

¿Qué sucede?

La primera velocidad funciona como un amplificador de fuerzas. Es muy lenta en un camino plano, pero excelente para las subidas. Los pedales giran más rápido que las ruedas. La quinta velocidad es para pedalear cuesta abajo o para ir rápido en terreno plano. La rueda gira más rápido que los pedales, con menos esfuerzo.

Cómo hacer engranes

Haz una marca en el centro de cada tapa y pídele a un adulto que les haga un hoyo. Pega una bobina a cada tapa, alineada con el hoyo. Coloca una goma elástica en el borde de las tapas. Introduce los clavos en el cartón, separados la distancia exacta para que las dos tapas se rocen cuando las coloques sobre ellos. Dale vueltas a la tapa más grande y observa cómo se mueve la pequeña. Prueba con varias combinaciones de tamaños y también con tres tapas. Cada vez que cambies de tapas, tendrás que mover los clavos.

NECESITARÁS

- GOMAS ELÁSTICAS ANCHAS
- CARTÓN GRUESO
- UN MARTILLO Y CLAVOS DE 4 CM
- BOBINAS DE HILO
- TAPAS DE TARROS DE VARIOS TAMAÑOS

20

¿Qué sucede?

Sucede lo mismo que con la quinta velocidad de la bicicleta, aunque sin una cadena que una los engranes. Al girar lentamente la rueda mayor, la menor gira con rapidez, sin requerir mucha fuerza, en la dirección opuesta. Haz un modelo de primera velocidad, girando la rueda pequeña: necesitarás mucha fuerza para mover la rueda grande con lentitud.

INTERESANTE

El cronómetro de Harrison

No sólo las bicicletas usan engranes. Los relojes usan engranes de precisión para girar las manecillas a un ritmo constante y preciso. El primer reloj portátil confiable, el cronómetro H4, fue construido hace casi 250 años por el relojero inglés John Harrison. Daba la hora correcta (inclusive en el mar) gracias a su intrincado mecanismo de engranes y resortes. Esto fue un gran avance. Al poder medir con precisión el tiempo, los marineros podían determinar su posición exacta. Harrison tardó 40 años en perfeccionar el H4, pero su esfuerzo fue recompensado con 18 000 libras.

BICICLETA DE CARRERAS
Chris Boardman ganó la medalla de oro en los Juegos Olímpicos de 1992 con esta ligera superbicicleta. La rueda dentada delantera es mucho más grande que la posterior, para alcanzar gran velocidad. Bicicleta y ciclista son aerodinámicos.

Movimiento circular

Cualquier objeto que dé vueltas tiene movimiento circular. Recuerda que todos los objetos en movimiento avanzan en línea recta, a menos que una fuerza tire de ellos. Cuando algo se mueve en círculos, cambia de dirección constantemente: una fuerza tira de él hacia el centro del círculo, la fuerza centrípeta. Experiméntalo por ti mismo en el carrusel de un parque infantil: tus brazos se sostienen de las barras giratorias, mientras tu cuerpo trata de avanzar en línea recta.

Fuerza giratoria

Con este experimento verás cómo la fuerza centrípeta aumenta entre más rápidos sean los giros. Hazlo lejos de otras personas.

NECESITARÁS
- UN CORCHO O UN TAPÓN DE PLÁSTICO
- UNOS 10 M DE HILO
- UNA BOBINA DE HILO
- UNA PESA PEQUEÑA (UN CUBO DE MADERA)
- UN TALADRO (PÍDESELO A UN ADULTO)

10

¿Cómo afecta el giro del corcho a la pesa?

1 Pídele a un adulto que taladre un hoyo a lo largo del corcho.

2 Inserta el hilo en el hoyo del corcho. Haz un nudo grande del otro lado para evitar que se salga la cuerda.

4 Sostén la bobina. Dale vueltas en círculo al corcho, primero lentamente y, poco a poco, con mayor velocidad.

3 Ensarta el otro extremo del hilo en la bobina y átalo a la pesa.

¿Qué sucede?

Conforme aumentas la velocidad del corcho, aumenta la fuerza centrípeta necesaria para que siga girando en círculos (en vez de que salga volando en línea recta). Esta fuerza tira de la cuerda, levantando la pesa. Entre más rápido gires el corcho, más se elevará la pesa.

Lápiz giratorio

Traza y recorta un círculo de cartulina. Con cuidado, atraviésalo por el centro con un lápiz con punta. Haz girar el lápiz en una superficie plana.

¿Qué sucede?

Los objetos que dan vueltas como las ruedas y los giroscopios son muy estables y difíciles de ladear. El lápiz se balanceará en su punta, en especial si reduces su centro de gravedad, colocando el círculo de cartulina cerca de la punta.

Agua antigravedad

Ata la cuerda al asa del cubo. Llena el cubo a la mitad. Sostén la cuerda y levanta el cubo a poca distancia del suelo. Comienza a girar en círculos, primero despacio y después más rápido. ¿Qué pasa con el agua cuando el cubo queda de lado?

¿Qué sucede?

La fuerza centrípeta también actúa sobre los líquidos. Al girar el cubo, el agua trata de avanzar en línea recta. El fondo del cubo continúa empujando el agua al centro del círculo, mientras el agua es presionada contra el fondo de la cubeta, lo que impide que se salga. ¡El agua permanece dentro del cubo, aunque esté de lado!

JUEGOS MECÁNICOS

Los juegos mecánicos en los parques de atracciones afectan tu sentido de gravedad. Éste, por ejemplo, te hace dar vueltas (como el cubo): ya no sabes dónde queda el suelo. Tu cuerpo intenta salir volando en línea recta, pero el juego te hace dar más vueltas.

Arranque y alto

Para que algo se mueva o se detenga necesita un empujón o un tirón. Imagina que empujas un carrito de compras muy pesado. Debes empujarlo con fuerza para que se mueva, pero, una vez en movimiento, seguirá avanzando solo. Tienes que tirar de él para hacer que se detenga. La tendencia de los objetos a no moverse si están quietos o a seguir moviéndose si están en movimiento se llama inercia. Entre más masa tengan, mayor será su inercia.

Juego de canicas o bolitas

Descubre cómo afecta la inercia el movimiento de unas canicas o bolitas en una tapa de caja de zapatos. Necesitas un suelo plano.

NECESITARÁS
- ALGUNAS CANICAS O BOLITAS DE DIFERENTE TAMAÑO
- LA TAPA DE UNA CAJA DE ZAPATOS
- CINTA ADHESIVA
- UNA PATINETA O UN JUGUETE CON RUEDAS

10

4 Observa las canicas al detener la patineta.

¿Qué pasa si detienes la patineta de golpe?

1 Pega la tapa a la patineta con cinta adhesiva. Coloca la patineta en el suelo.

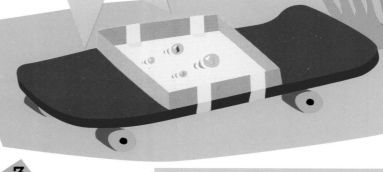

3 Dale un leve empujón a la patineta para que se mueva. Observa lo que sucede con las canicas.

2 Coloca las canicas en la tapa, no muy cerca una de la otra.

¿Qué sucede?

Por su propia inercia, las canicas tratan de permanecer inmóviles, aunque empujes la patineta. Sólo se moverán cuando la parte trasera de la tapa las empuje. Cuando se detiene la patineta, las canicas o bolitas tratan de seguir moviéndose y ruedan hasta el frente de la caja. Las canicas o bolitas más pesadas tienen mayor inercia y resisten más cualquier cambio.

El misterio del huevo giratorio

Si quieres saber si un huevo está cocido o crudo, puedes usar este truco de inercia. Dale vueltas al huevo cocido; deténlo con suavidad y suéltalo de inmediato. Se detendrá de inmediato, como era de esperarse. Inténtalo con el huevo crudo. Cuando lo sueltes, ¡seguirá girando!

NECESITARÁS
- UN HUEVO MUY COCIDO
- UN HUEVO CRUDO
- UN PLATO PLANO

10

¿Qué sucede?

La inercia del líquido dentro del huevo crudo hace que continue girando (por dentro), aunque detengas el cascarón. Cuando sueltas el huevo, continuará dando vueltas.

Demoler torres

Construye una torre con fichas de damas, cerca del borde de una mesa lisa. Coloca la regla cerca de la base de la torre, con una parte fuera de la mesa. Toma la regla por esta parte y deslízala con rapidez contra la base de la torre. Con un poco de práctica, podrás quitar la ficha de abajo sin derrumbar la torre.

NECESITARÁS
- FICHAS DE DAMAS
- UNA REGLA
- UNA MESA LISA

10

¿Qué sucede?

El golpe rápido que saca a la ficha de la base de su lugar, no tiene la fuerza suficiente para sobrepasar la inercia de toda la torre, que permanece en su lugar. El truco de quitar el mantel de la mesa sin mover los platos y los vasos funciona por este mismo principio de inercia.

¡AMÁRRATE EL CINTURÓN!

Estos cinturones de seguridad retráctiles se extienden con facilidad para que te los pongas. Si el carro se detiene de golpe (como en un accidente), la inercia te empujará hacia delante. Esta fuerza da un tirón a los cinturones, que de inmediato se tensan y te mantienen seguro en el asiento.

Glosario

Aceleración   Un objeto se acelera cuando cambia de velocidad o la dirección de su movimiento. La aceleración se mide en metros por segundo cuadrado (m/s^2).

Aerodinámico   Objeto cuya forma reduce la resistencia al avance. Un avión es aerodinámico.

Amplificador de fuerza   Una máquina en la que una fuerza pequeña que cubre una gran distancia hace que una gran fuerza cubra una distancia pequeña (por ejemplo, la manija de una puerta).

Amplificador de movimiento   Un mecanismo a través del cual una gran fuerza que se mueve una distancia corta hace que una fuerza pequeña se desplace una gran distancia. Por ejemplo: el pedal que levanta la tapa de un cubo de basura con pedal.

Centro de gravedad (o centro de la masa)   El punto de un objeto en el cual la fuerza de gravedad parece actuar. Si un objeto se balancea sobre un punto que cruce la línea vertical del centro, no se caerá.

Densidad   Cantidad de masa de un cuerpo en relación con su volumen. Para calcular la densidad de un cuerpo, hay que dividir su masa entre su volumen. El resultado se mide en gramos por centímetro cúbico (g/cm^3).

Empuje   La fuerza que actúa sobre un cuerpo cuando se sumerge en un líquido. La cantidad de fuerza es la misma que el peso del líquido desplazado por el cuerpo.

Energía   La capacidad de realizar un trabajo. El trabajo se lleva a cabo cuando una fuerza cubre una distancia, así que puedes decir que es la 'promesa' de trabajar. Hay diferentes tipos de energía: por ejemplo, la luz, el calor, la electricidad y la energía potencial. La energía y el trabajo se miden en julios (J).

Energía potencial   La energía acumulada en un cuerpo. Cuando levantas algo o aprietas un resorte, les das energía potencial.

Engranes   Ruedas dentadas usadas para que una rueda mueva a otra en una máquina.

Fricción   La fuerza que se opone al movimiento de dos cuerpos que se rozan al pasar.

Fuerza   El jalón o el empuje que modifica la velocidad, la forma o la dirección de un cuerpo. La fuerza se mide en newtons (N).

Fuerza centrípeta   La fuerza que hace que un objeto dé vueltas en círculos. Cuando haces girar una piedra atada a una cuerda, debes tirar de la cuerda para evitar que la piedra salga volando en línea recta. El tirón de la cuerda es una fuerza centrípeta.

Fuerza de giro   La fuerza de un efecto de giro. Entre más larga sea la palanca, mayor será el punto de giro. También se le llama 'momento'.

Fuerza gravitatoria   La fuerza con que un objeto atrae a otro a causa de la gravedad. Por ejemplo, la gravedad de la Tierra mantiene a los satélites en órbita.

Fuerzas desequilibradas   Fuerzas que causan un cambio en el movimiento o la forma de un cuerpo, debido a que la fuerza que actúa en una dirección es mayor que la fuerza que se le opone.

Fuerzas equilibradas   Cuando varias fuerzas no causan ningún cambio en el movimiento de un objeto, se dice que están equilibradas. Por ejemplo, al sentarte en una silla, la fuerza de gravedad que actúa sobre ti se equilibra con la fuerza de reacción opuesta e idéntica de la silla que te empuja hacia arriba.

Gravedad   La fuerza de atracción que tira de todos los cuerpos hacia todos los demás. La fuerza de atracción depende de la masa de los cuerpos y de la distancia a que están unos de otros.

Inercia   La tendencia de cualquier cuerpo a permanecer inmóvil o a continuar moviéndose en línea recta a menos que una fuerza haga que cambie. Cuanto más grande la masa de un cuerpo, mayor será su inercia.

Kilogramo   La unidad de masa estándar. La masa de un kilogramo equivale al volumen de un litro de agua.

Lubricante   Una sustancia que reduce la fricción entre dos superficies.

Máquina   Un aparato que realiza un trabajo. Construimos máquinas para hacernos más fácil la vida.

Masa   La cantidad de material contenida en un cuerpo.

Movimiento   Un movimiento ocurre cuando un cuerpo cambia de posición.

Newton   Unidad para medir fuerzas. La fuerza de la gravedad terrestre sobre una masa de 1 kg es de 10 N, aproximadamente.

Palanca   Una barra rígida que se apoya en un pivote o una bisagra para transmitir una fuerza de un lugar a otro. Las carretillas, las tijeras y los músculos y articulaciones de tu cuerpo son algunos ejemplos de sistemas de palancas.

Peso   La fuerza de gravedad que actúa sobre una masa sobre o cerca de la superficie de un planeta. En la Tierra, una masa de 1 kg pesa 9.8 newtons.

Polea   Una rueda con una ranura en el borde. Al usar varias poleas juntas, es más fácil levantar una carga. Una polea es un tipo de amplificador de fuerza.

Presión   La manera en que una fuerza está concentrada o esparcida sobre una superficie. Se calcula dividiendo la fuerza entre el área afectada. La presión se mide en pascales (Pa) o newtons por metro cuadrado (N/m^2).

Presión atmosférica   La presión causada por el peso de la atmósfera. Aunque es invisible, tiene masa y es afectada por la gravedad. La presión atmosférica sobre la superficie terrestre es de unos 10 newtons sobre centímetro cuadrado $(10 \ N/cm^2)$. Los mapas meteorológicos señalan cuáles áreas tienen mayor o menor presión, pues esto afecta el clima.

Propulsión   Una fuerza aerodinámica provocada por el movimiento de un ala en el aire. La propulsión permite que los aviones se eleven y se mantengan volando.

Resistencia al avance   Una fuerza aerodinámica que se opone al movimiento hacia delante de un cuerpo. La cantidad de resistencia depende del tamaño del cuerpo.

Resistencia atmosférica   La manera en que el aire dificulta el movimiento de los objetos a través suyo. Esta resistencia se debe a que las moléculas de los objetos en movimiento rozan las moléculas de los gases que componen el aire.

Velocidad   Rapidez con la que se mueve un cuerpo. Se calcula dividiendo la distancia entre el tiempo. La velocidad promedio se calcula dividiendo la distancia total recorrida entre el tiempo total del viaje.

Índice

Créditos de las fotografías

(esquina derecha de páginas impares)